Matthias Fiedler

Idé til en innovativ eiendomsmatching: Eiendomsformidling gjort enkelt

Eiendomsmatching: Effektiv, enkel og profesjonell eiendomsformidling gjennom en innovativ eiendomsmatchingportal

Kolofon

1. opplag som trykt bok | februar 2017
(original på tysk, desember 2016)

© 2016 Matthias Fiedler

Matthias Fiedler
Erika-von-Brockdorff-Str. 19
41352 Korschenbroich
Tyskland
www.matthiasfiedler.net

Produksjon og trykk:
Se informasjon på siste side

Omslag: Matthias Fiedler
Produksjon av e-bok: Matthias Fiedler

Med enerett.

ISBN-13 (paperback): 978-3-947082-45-2
ISBN-13 (e-bok mobi): 978-3-947082-46-9
ISBN-13 (e-bok epub): 978-3-947082-47-6

Bibliografisk informasjon fra Tysklands nasjonalbibliotek: Tysklands nasjonalbibliotek har registrert denne publikasjonen i *Deutsche Nationalbibliografie*; detaljerte bibliografiske opplysninger er tilgjengelige på internett via http://dnb.d-nb.de

SAMMENDRAG

I denne boken forklares et revolusjonerende konsept med en verdensomspennende eiendomsmatchingportal (app – applikasjon) med et estimat av det betydelige omsetningspotensialet (flere milliarder euro) som ligger i en eiendomsmeglerprogramvare inkludert taksering (flere billioner euro i omsetningspotensial).

Ved hjelp av dette kan bolig- og næringseiendommer, til eie eller leie, formidles på en effektiv og tidsbesparende måte. Dette er framtiden for innovativ og profesjonell eiendomsformidling for alle eiendomsmeglere og eiendomsinteressenter. Eiendomsmatchingen fungerer i nesten alle land, også på tvers av landegrensene.

I stedet for å «bringe» eiendommer til kjøperen eller leieren kvalifiseres eiendomsinteressentene i eiendomsmatchingportalen (søkeprofil) og sammenstilles med og knyttes til eiendommene som eiendomsmeglerne vil formidle.

INNHOLD

FORORD

I 2011 kom jeg på og utviklet ideen om en innovativ eiendomsmatching som beskrives her.

Jeg har drevet i eiendomsbransjen siden 1998 (med bl.a. eiendomsformidling, kjøp og salg, taksering, utleie og eiendomsutvikling). Jeg er blant annet sertifisert eiendomsspesialist (IHK), diplom-eiendomsøkonom (ADI) og sakkyndig takstmann (DEKRA) samt medlem av den internasjonalt anerkjente eiendomsforeningen Royal Institution of Chartered Surveyors (MRICS).

Matthias Fiedler

Korschenbroich, 31.10.2016

www.matthiasfiedler.net

1. Idé til en innovativ eiendomsmatching: Eiendomsformidling gjort enkelt

Eiendomsmatching: Effektiv, enkel og profesjonell eiendomsformidling gjennom en innovativ eiendomsmatchingportal

I stedet for å «bringe» eiendommer til kjøperen eller leieren kvalifiseres eiendomsinteressentene i eiendomsmatchingportalen (søkeprofil) og sammenstilles med og knyttes til eiendommene som eiendomsmeglerne vil formidle.

1. Eiendomsinteressentenes og eiendomstilbydernes mål

Sett fra en selger eller utleiers ståsted er det viktig å selge eller leie ut eiendommen raskt og til en høyest mulig pris.

Sett fra en kjøper eller leiers ståsted er det viktig å finne en eiendom etter sine ønsker samt å kunne kjøpe eller leie den raskt og uten problemer.

3. Tidligere framgangsmåter ved eiendomssøk

Som regel ser interessenter på eiendommer i området de ønsker gjennom de store eiendomsportalene på internett. Der kan de få tilsendt eiendommer eller en liste med lenker til eiendommer på e-post dersom de lager en kort søkeprofil. Ofte gjøres dette på 2–3 eiendomsportaler. Etterpå kontaktes tilbyderne som regel via e-post. Dermed får tilbyderne mulighet og tillatelse til å sette seg i forbindelse med interessentene.

I tillegg kontakter noen interessenter eiendomsmeglere i ønsket område og får registrert en søkeprofil.

Tilbyderne på eiendomsportalene er både private og profesjonelle tilbydere. Profesjonelle tilbydere er overveiende eiendomsmeglere og delvis byggeselskaper, eiendomshandlere og andre eiendomsselskaper (i teksten omtales profesjonelle tilbydere som eiendomsmeglere).

4. Ulempe for private tilbydere / fordel for eiendomsmeglere

Private selgere av salgseiendommer er ikke alltid garantert at salget skjer straks, da det for eksempel for en arvet eiendom ikke foreligger enighet mellom arvingene, eller skifteattest mangler. Videre kan uavklarte juridiske spørsmål som blant annet borett vanskeliggjøre salget.

Ved utleieeiendom kan det forekomme at private utleiere ikke har innhentet nødvendige tillatelser, for eksempel dersom en næringseiendom skal leies ut som bolig.

Når en eiendomsmegler er tilbyder, har vedkommende som regel avklart alle disse aspektene. I tillegg foreligger ofte allerede alle relevante eiendomsdokumenter (grunnplan, arealplan, energiattest, grunnbok, offentlige dokumenter osv.). Dermed kan salg eller utleie skje raskt og uten komplikasjoner.

5. Eiendomsmatching

For å raskt og effektivt få i stand en matching mellom interessenter og selgere eller utleiere er det generelt viktig å tilby en systematisert og profesjonell framgangsmåte.

Dette skjer her ved hjelp av en gjensidig innrettet framgangsmåte eller prosedyre med søk og funn mellom eiendomsmeglere og interessenter. Dvs. at i stedet for å «bringe» eiendommene til kjøperen eller leieren kvalifiseres eiendomsinteressentene i eiendomsmatchingportalen (søkeprofil i app) og sammenstilles med og knyttes til eiendommene som eiendomsmeglerne vil formidle.

I steg én oppretter interessentene en konkret søkeprofil i eiendomsmatchingportalen. Denne søkeprofilen inneholder ca. 20 kriterier. Blant annet følgende kriterier (listen er ikke fullstendig) er vesentlige for søkeprofilen:

- Område/postnummer/sted

- Objekttype

- Tomteareal

- Boflate

- Pris

- Byggeår

- Etasje

- Antall rom

- Utleid (ja/nei)

- Kjeller (ja/nei)

- Balkong/terrasse (ja/nei)

- Oppvarmingsmåte

- Parkeringsplass (ja/nei)

Det viktige her er at kriteriene ikke angis fritt, men at angivelsen av hvert kriterie (f.eks. objekttype) er valgt fra en liste over forhåndsbestemte muligheter/alternativer (f.eks. for objekttype: leilighet, enebolig, lagerhall, kontor ...) ved å klikke på eller åpne et tilsvarende kriteriefelt.

Interessentene kan eventuelt opprette flere søkeprofiler. Det er også mulig å endre søkeprofilen.

I tillegg angir interessentene fullstendige kontaktopplysninger i angitte felter som fornavn, etternavn, gate, husnummer, postnummer, sted, telefon og e-post.

I den sammenheng samtykker interessentene i at de kan kontaktes og få tilsendt passende eiendomsprospekter fra eiendomsmeglere.

Videre inngår interessentene en avtale med operatøren av eiendomsmatchingportalen.

I neste steg blir søkeprofilene tilgjengelige for de tilsluttede eiendomsmeglerne via et applikasjonsprogrammeringsgrensesnitt (et API – som f.eks. «openimmo» i Tyskland), men er foreløpig ikke synlige. Her må det bemerkes at dette API-et – så å si nøkkelen til implementeringen – må støtte så godt som all eiendomsmeglerprogramvare som er i bruk, eller være kompatibel for overføring. Hvis ikke må dette gjøres teknisk mulig. Ettersom det allerede finnes API-er som nevnte «openimmo», skulle det være mulig å overføre søkeprofiler på denne måten.

Nå sammenlikner eiendomsmeglerne eiendommene de vil formidle, med søkeprofilene. Eiendommene lastes da inn i eiendomsmatchingportalen, og kriteriene sammenstilles og knyttes sammen.

Etter sammenstillingen skjer en matching med angivelse i prosent. Fra en matching på for eksempel 50 % blir søkeprofilene synlige i eiendomsmeglerprogramvaren.

De enkelte kriteriene vektes (poengsystem), slik at kriteriene etter en sammenstilling får en prosentverdi for matchingen (sannsynlighet for overensstemmelse). For eksempel vektes kriteriet «objekttype» høyere enn kriteriet «boflate». I tillegg kan det velges ut visse kriterier (f.eks. kjeller) som denne eiendommen må ha.

Ved sammenstillingen av kriterier for matchingen må man passe på at eiendomsmeglerne bare får tilgang til sine ønskede (bestilte) områder. Dette reduserer datamengden for sammenstillingen. Dette er også med tanke på at eiendomsmeglerne ofte opererer innenfor bestemte områder. Her må det bemerkes at det i dag er mulig å lagre og bearbeide store datamengder i «skyen».

For å sikre en profesjonell eiendomsformidling får bare eiendomsmeglere tilgang til søkeprofilene.

I den forbindelse inngår eiendomsmeglerne en avtale med operatøren av eiendomsmatchingportalen.
Etter sammenstillingen og matchingen kan eiendomsmeglerne kontakte interessentene og omvendt. Dette innebærer også at dersom

eiendomsmeglerne har sendt interessentene et prospekt, er det dokumentert et aktivitetsbevis eller et krav på meglerprovisjon dersom salg eller utleie følger.

Dette forutsetter at eierens (selgers eller leiers) eiendomsmegler har fått oppdraget med å formidle eiendommen, eller at det foreligger enighet om å kunne tilby eiendommen.

6. Bruksområder

Eiendomsmatchingen som beskrives her, kan brukes for salgs- og utleieeiendommer i bolig- og næringseiendomssektoren. For næringseiendommer er det nødvendig med ytterligere eiendomskriterier.

Som interessent kan også en eiendomsmegler opptre, slik vanlig praksis er, dersom vedkommende for eksempel handler på oppdrag fra en kunde.

Geografisk sett kan eiendomsmatchingportalen overføres til nesten alle land.

7. Fordeler

Denne eiendomsmatchingen gir store fordeler for interessentene dersom de for eksempel ser etter en eiendom i sitt boområde eller i et annet område i forbindelse med ny jobb.

Du oppretter bare søkeprofilen din og får tilsendt passende eiendommer fra eiendomsmeglerne som er aktive i det ønskede området.

For eiendomsmeglerne har dette store fordeler når det gjelder effektivitet og tidsbesparelse i forbindelse med salget eller utleien.

Du får umiddelbart en oversikt over hvor høyt potensialet av konkrete interessenter er for hver av eiendommene du tilbyr.

Videre kan eiendomsmeglerne snakke direkte til sin relevante målgruppe, som ved å opprette en søkeprofil har gjort seg konkrete tanker om sin ønskeeiendom (bl.a. ved å sende prospekt).

Slik øker kvaliteten av kontakten med interessenter som vet hva de vil ha. Dermed reduseres antall visninger. Slik reduseres den totale varigheten av markedsføringen for eiendommene som skal formidles.

I tilknytning til visningen av eiendommene som skal formidles til interessentene, følger – som vanlig – inngåelsen av en kjøps- eller leieavtale.

8. Eksempelestimat (potensial) – bare eide leiligheter og hus (uten leide leiligheter og hus eller næringseiendom)

I dette eksempelet tydeliggjøres hvilket potensial eiendomsmatchingportalen har.

I en bo- og arbeidsregion med 250 000 innbyggere, som f.eks. byen Mönchengladbach i Tyskland, finnes det statistisk sett 125 000 husholdninger (2 personer per husholdning). Den gjennomsnittlige flytteraten er ca. 10 %. Dermed flytter 12 500 husholdninger hvert år. Balansen for flytting til og fra Mönchengladbach er ikke hensyntatt her. Av disse ser ca. 10 000 husholdninger (80 %) etter en utleieeiendom, og ca. 2 500 husholdninger (20 %) etter en eiendom som er til salgs.

Ifølge eiendomsrapporten fra takseringsrådet i Mönchengladbach ble det i 2012 kjøpt 2 613 eiendommer. Dette bekrefter tallet på 2 500 kjøpsinteressenter som ble beregnet ovenfor. Det kan i realiteten være flere, da for eksempel ikke alle interessenter vil ha funnet eiendommen de så etter. Tallet på faktiske interessenter – eller mer konkret, tallet på søkeprofiler – kan estimeres til å være dobbelt så stort som den gjennomsnittlige flytteraten på ca. 10 %, nemlig 25 000 søkeprofiler. Dette tar blant annet høyde for at interessentene oppretter flere søkeprofiler i eiendomsmatchingportalen.

Det må også nevnes at erfaringsmessig har bare halvparten av interessentene (kjøpere og leiere) funnet eiendommen sin gjennom en eiendomsmegler, altså 6 250 husholdninger. Erfaringsmessig har imidlertid minst 70 % av alle husholdninger søkt på eiendomsportaler på internett, altså 8 750 husholdninger (tilsvarer 17 500 søkeprofiler).

Dersom 30 % av alle interessenter, dvs. 3 750 husholdninger (tilsvarer 7 500 søkeprofiler) i en by som Mönchengladbach, oppretter søkeprofil i eiendomsmatchingportalen (app), kan de tilsluttede eiendomsmeglerne hvert år tilby sine passende eiendommer til kjøpsinteressenter gjennom 1 500 konkrete søkeprofiler (20 %) og til leieinteressenter gjennom 6 000 konkrete søkeprofiler (80 %).

Ved en gjennomsnittlig letevarighet på 10 måneder og en eksempelpris på 50 euro for hver søkeprofil interessentene oppretter, finnes dermed for 7 500 søkeprofiler et omsetningspotensial på 3 750 000 euro i året i en by med 250 000 innbyggere.

Et estimat for hele Tyskland med rundt 80 millioner innbyggere gir et omsetningspotensial på 1,2 milliarder euro i året. Dersom i stedet for 30 % av alle interessenter for eksempel 40 % av alle interessenter søker etter eiendom via eiendomsmatchingportalen, øker omsetningspotensialet til 1,6 milliarder euro i året.

Dette omsetningspotensialet gjelder bare eierleiligheter og -hus. Leid eiendom i sektoren boligeiendom og hele næringseiendomssektoren er ikke tatt med i dette potensialestimatet.

Med ca. 50 000 bedrifter i Tyskland innenfor området eiendomsformidling (inkludert byggeselskaper, eiendomshandlere og andre eiendomsselskaper som er inne i bildet) med ca. 200 000 ansatte og f.eks. en andel på 20 % av diesse 50 000 bedriftene som benytter denne eiendomsmatchingportalen med gjennomsnittlig 2 lisenser, gir det ved en pris på f.eks. 300 euro i måneden per lisens et omsetningspotensial på 72 millioner euro i året. I tillegg bør det være en regional bestilling for søkeprofilene der, slik at det alt etter utformingen kan genereres ytterligere omsetningspotensial.

Eiendomsmeglerne trenger med dette store potensialet av interessenter med konkrete søkeprofiler ikke lenger å oppdatere sin egen interessentdatabase – i den grad de holder seg med en slik. Dette gjelder særlig ettersom dette antallet aktuelle søkeprofiler sannsynligvis overstiger antallet søkeprofiler mange eiendomsmeglere har i sin egen database.

Dersom denne innovative eiendomsmatchingportalen tas i bruk i flere land, kan for eksempel kjøpsinteressenter fra Tyskland opprette en søkeprofil. for ferieleiligheter på middelhavsøya Mallorca (i Spania), og de tilsluttede eiendomsmeglerne på Mallorca kan presentere passende leiligheter for sine tyske interessenter via e-post. Dersom de tilsendte prospektene er skrevet på spansk, kan interessentene i dag ved hjelp av oversettelsesprogrammer på internett få oversatt teksten til tysk på kort tid.

For å kunne realisere matchingen av søkeprofiler og eiendommer som skal formidles på tvers av språkgrensene, kan det i eiendomsmatchingportalen gjøres en sammenstilling av kriteriene på grunnlag av de programmerte (matematiske) kriteriene – uavhengig av språket – og språket tilordnes etterpå.

Ved bruk av eiendomsmatchingportalen på alle kontinenter vil det nevnte omsetningspotensialet (bare søkeinteressenter) ved hjelp av et svært enkelt estimat fremstå som følger:

Verdens befolkning:
7,5 milliarder innbyggere

1. Befolkningen i industriland og nesten industriland:
2,0 milliarder innbyggere

2. Befolkningen i voksende økonomier:

   4,0 milliarder innbyggere

3. Befolkningen i utviklingsland:

   1,5 milliarder innbyggere

Det årlige omsetningspotensialet i Tyskland i størrelsesordenen 1,2 milliarder euro med 80 millioner innbyggere omregnes og estimeres til industriland, voksende økonomier og utviklingsland med følgende antatte faktorer.

1. Industriland: 1,0

2. Voksende økonomier: 0,4

3. Utviklingsland: 0,1

Dermed framkommer følgende årlige omsetningspotensial (1,2 mrd. euro x befolkning (industriland, voksende økonomier eller utviklingsland) / 80 mill. innbyggere x faktor).

1. Industriland: 30,00 mrd. €

2. Voksende økonomier: 24,00 mrd. €

3. Utviklingsland: 2,25 mrd. €

I alt: **56,25 mrd. €**

9. Konklusjon

Med eiendomsmatchingportalen som er presentert her, får de som ser etter eiendom (interessentene) og eiendomsmeglerne betydelige fordeler.

1. Interessentene bruker vesentlig mindre tid på å se etter egnede eiendommer, ettersom interessentene oppretter søkeprofilen sin bare én gang.

2. Eiendomsmeglerne får en totaloversikt over antall interessenter med allerede konkrete ønsker (søkeprofilen).

3. Interessentene får bare tilsendt ønskede eller passende eiendommer (iht. søkeprofilen) fra alle eiendomsmeglerne (så å si et automatisk forhåndsutvalg).

4. Eiendomsmeglerne reduserer ressursbruken på å oppdatere sin individuelle database med søkeprofiler,

ettersom det hele tiden er tilgjengelig et svært høyt antall aktuelle søkeprofiler.

5. Ettersom bare profesjonelle tilbydere/eiendomsmeglere er tilsluttet eiendomsmatchingportalen, har interessentene med profesjonelle og ofte erfarne eiendomsformidlere å gjøre.

6. Eiendomsmeglerne reduserer antall visninger og totalt sett varigheten av markedsføringen. Til gjengjeld reduseres for interessentene antall visninger og tiden fram til avtale om kjøp eller leie.

7. Eierne av eiendommene som skal selges eller leies ut, sparer også tid. Når utleieeiendommer står tomme kortere tid og salgseiendommer blir realisert raskere gjennom raskere utleie eller salg, ligger det også en økonomisk fordel i det.

Med realisieringen eller implementeringen av denne ideen om eiendomsmatching kan det tas et betydelig steg framover i eiendomsformidlingen.

10. Integrering av eiendomsmatchingportalen i en ny eiendomsmeglerprogramvare inkludert taksering

For å komplettere eiendomsmatchingportalen som er beskrevet her, vil en vesentlig bestanddel fra begynnelsen av være en ny eiendomsmeglerprogramvare – som ideelt sett kan brukes verden over. Det vil si at eiendomsmeglerne enten kan bruke eiendomsmatchingportalen i tillegg til eiendomsmeglerprogramvaren de bruker, eller ideelt sett bruke den nye eiendomsmeglerprogramvaren sammen med eiendomsmatchingportalen.

Ved å integrere denne effektive og innovative eiendomsmatchingportalen i en egen eiendomsmeglerprogramvare skapes en grunnleggende unik egenskap for eiendomsmeglerprogramvaren som vil være vesentlig for å komme inn på markedet.

Ettersom taksering av eiendom er og blir en vesentlig bestanddel av eiendomsformidlingen, må det integreres et takseringsverktøy i eiendomsmeglerprogramvaren. Takseringen og den tilhørende beregningsmåten kan ved hjelp av koplinger benytte relevante data/parametere fra eiendommer eiendomsmeglerne har lagt inn/registrert. Eventuelle manglende parametere fyller eiendomsmegleren ut ved hjelp av sin egen regionale markedsekspertise.

I tillegg må eiendomsmeglerprogramvaren ha muligheten til å integrere såkalte virtuelle eiendomsvisninger av eiendommene som skal formidles. Dette kan for eksempel gjøres så enkelt som at det for mobiltelefon og/eller nettbrett utvikles en ekstra app som etter innspilling av den virtuelle visningen nærmest automatisk integrerer denne i eiendomsmeglerprogramvaren.

Dersom den effektive og innovative eiendomsmatchingportalen integreres i en ny eiendomsmeglerprogramvare som også omfatter taksering, øker det mulige omsetningspotensialet betydelig.

Matthias Fiedler

Korschenbroich, 31.10.2016

Matthias Fiedler

Erika-von-Brockdorff-Str. 19

41352 Korschenbroich

Tyskland

www.matthiasfiedler.net

Made in the USA
Monee, IL
07 July 2026

56550844R00022